Die Adventszeit lädt uns ein, mit Maria den inneren Raum unserer Seele zu betreten. Dort wird der Engel auch für uns eine frohe Botschaft verkünden. Die Botschaft, dass Gott auch in uns geboren werden will, dass Gott uns in Berührung bringen will mit dem reinen und klaren Bild, das er sich von jedem von uns gemacht hat. Aber es braucht die Haltung der Maria, die voller Ehrfurcht niederkniet vor diesem göttlichen Geheimnis. Denn auch, wenn Gott in uns wohnt, können wir nicht über ihn verfügen. Wir können nur vor ihm niederfallen und bekennen, dass unser innerstes Wesen ein reines Geschenk Gottes ist.

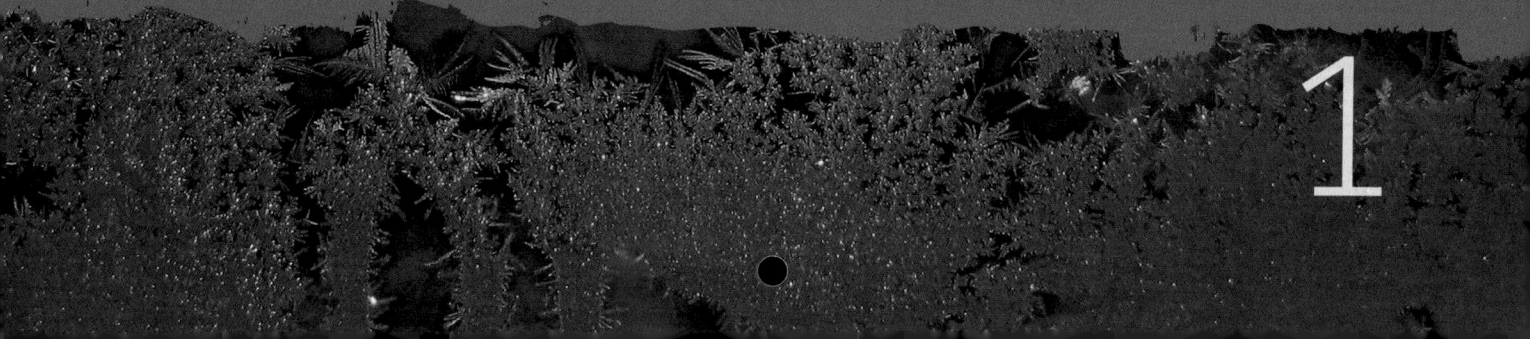

1

In der dunkelsten Jahreszeit sehnen wir uns nach dem Licht.
Daher verbinden wir mit Advent die Kerzen, die den Adventskranz
in jeder Woche heller erstrahlen lassen.

Wir alle kennen die Angst vor der Dunkelheit, in der wir unsere
Gefühle nicht mehr im Griff haben, in der die Nachtgespenster in
uns auftauchen, die uns erschrecken. Da sehnen wir uns nach
dem Licht, das in unserem Herzen aufgeht."

ANSELM GRÜN

Geborgen im Licht

**DER ADVENTSKALENDER
AUS DEM KLOSTER**

VIER TÜRME

2

Advent ist die Zeit der Stille. Wenn die Abende länger werden, dann sollten wir sie nicht mit Geschäftigkeit füllen. Nimm das an, was Dir die Jahreszeit schenkt: Zeit zum Nachdenken, Zeit zum Warten, Zeit zum Wachen. Die Stille will uns nach innen lenken, zum Grund unseres Herzens. Nur in unserem schweigenden Herzen kann Gott geboren werden.

3

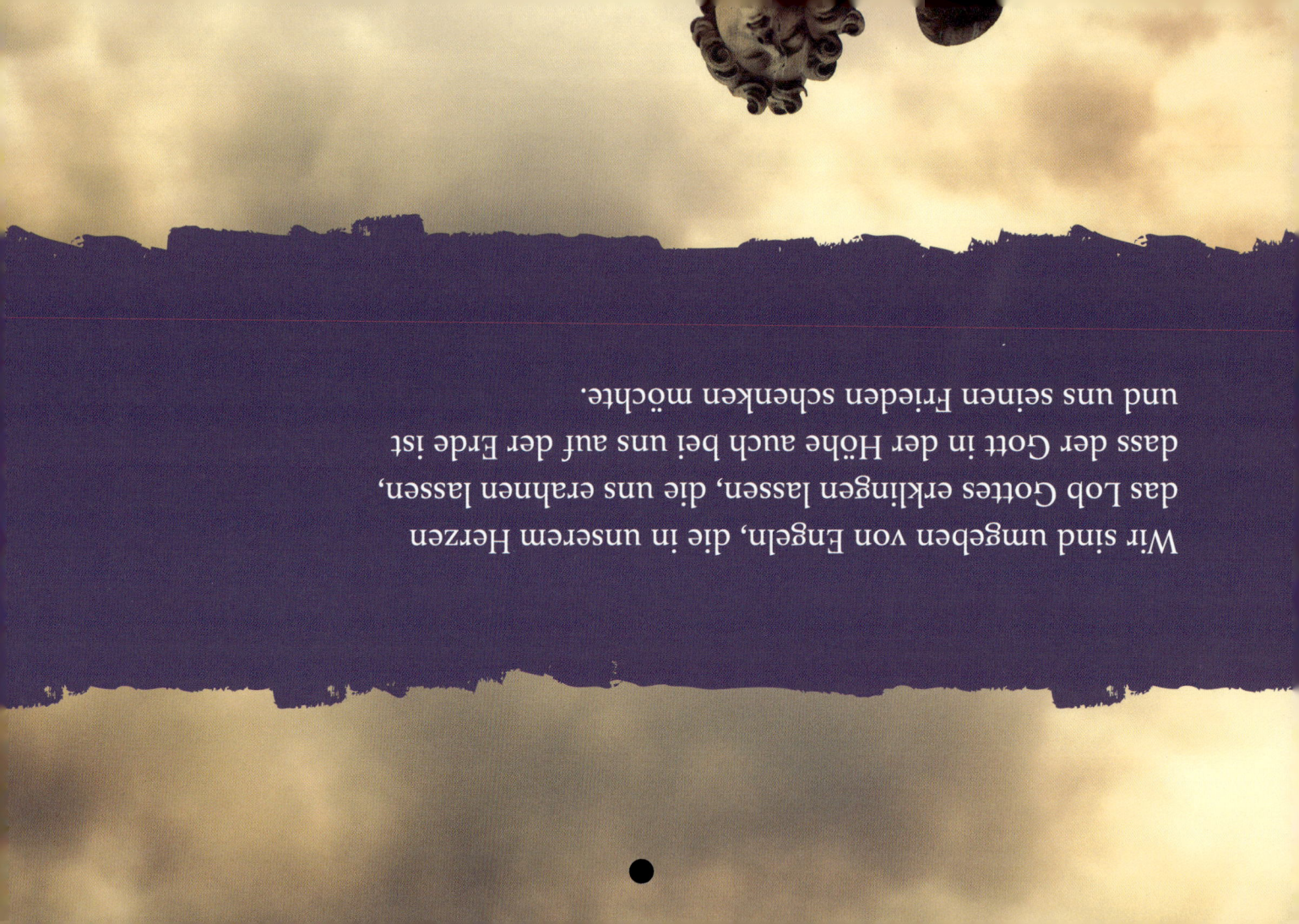

Wir sind umgeben von Engeln, die in unserem Herzen
das Lob Gottes erklingen lassen, die uns erahnen lassen,
dass der Gott in der Höhe auch bei uns auf der Erde ist
und uns seinen Frieden schenken möchte.

4

Jesus ist ganz und gar Mensch geworden bis zum bitteren Ende am Kreuz. Aber das göttliche Leben in Jesus konnte auch nicht durch den grausamen Tod am Kreuz vernichtet werden. Es hat in der Auferstehung über die zerstörerischen Mächte gesiegt. Und in der Auferstehung wurde deutlich: Die Liebe, die schon in dem Kind in der Krippe so zärtlich aufleuchtet, sie bleibt. Und sie schenkt dauerhaft Geborgenheit und Heimat. In der Auferstehung Jesu hat sich die Liebe sogar stärker erwiesen als der Tod.

5

Die Adventszeit ist die Zeit, in der wir mit unserer Sehnsucht in Berührung kommen. Es ist die Sehnsucht nach Heimat und Geborgenheit, die Sehnsucht nach Liebe und Glück. Die Sehnsucht geht über das Irdische hinaus. Kein Mensch, kein Vermögen, kein Erfolg kann unsere tiefste Sehnsucht stillen. Sie kann letztlich nur von Gott erfüllt werden. Daher führt uns die Sehnsucht über das Alltägliche hinaus in Gott hinein. Und die Sehnsucht ist die Spur, die Gott in unser Herz gegraben hat. Viele beklagen sich, dass sie Gott nicht spüren. Gott können wir nicht immer erfahren, aber seine Spur in unserem Herzen, die können wir immer spüren. In der Sehnsucht nach Gott ist schon Gott. In der Sehnsucht nach Liebe ist schon Liebe.

6

Trostlose Erfahrungen machen heute viele Menschen.
Sie haben das Gefühl, dass sich die Welt verdunkelt hat.
Da ist ein großer Trost: Gott lässt uns nicht allein. Er
greift für uns ein. Und sein Handeln für uns ist wie ein
helles Licht, das alles in uns erleuchtet.

7

Von Maria können wir lernen, ja zu sagen zu dem, was Gott uns zutraut. Wir sollen nicht zu klein von uns denken. Auch an uns will Gott Großes tun.

8

Wir können unsere Dunkelheit nicht selbst erhellen. Wir sehnen uns nach dem Licht, das uns Gott in seinem Sohn Jesus Christus geschenkt hat. Und wir sehnen uns nach dem Engel, den Gott in unsere Dunkelheit schickt, um sie hier und heute zu erhellen. Trau dem Engel des Lichtes, den Gott in Deine Dunkelheit sendet. Und sag ihm Deine Not mit Deiner inneren Finsternis. Schon das Sprechen zu Deinem Engel des Lichtes macht Deine Finsternis hell.

9

Oft erleben wir uns selbst als dunkel. Wir trauen uns nicht, in unser Inneres zu schauen. Wir meinen, da würden wir nur dem Chaos und der Finsternis begegnen. Die Geburt Jesu ist die Verheißung, dass alles Finstere in uns erhellt wird durch die Liebe Gottes, die uns in dem Kind in der Krippe besucht, die genau dort hineingeht, wo wir wohnen. Und diese Liebe will für immer bei uns bleiben. Sie hält es mit uns aus, damit wir uns selbst aushalten können.

10

Gerade in der Adventszeit spielen die Freude und die Vorfreude auf Weihnachten eine große Rolle. Und wir entdecken sie nicht nur in den Adventsliedern, sondern auch in den alttestamentlichen prophetischen Texten. Wenn wir in der Adventszeit die prophetischen Worte hören, können sie uns mit der Quelle der Freude in Berührung bringen. Das Spüren der Nähe Jesu ist diese Quelle.

11

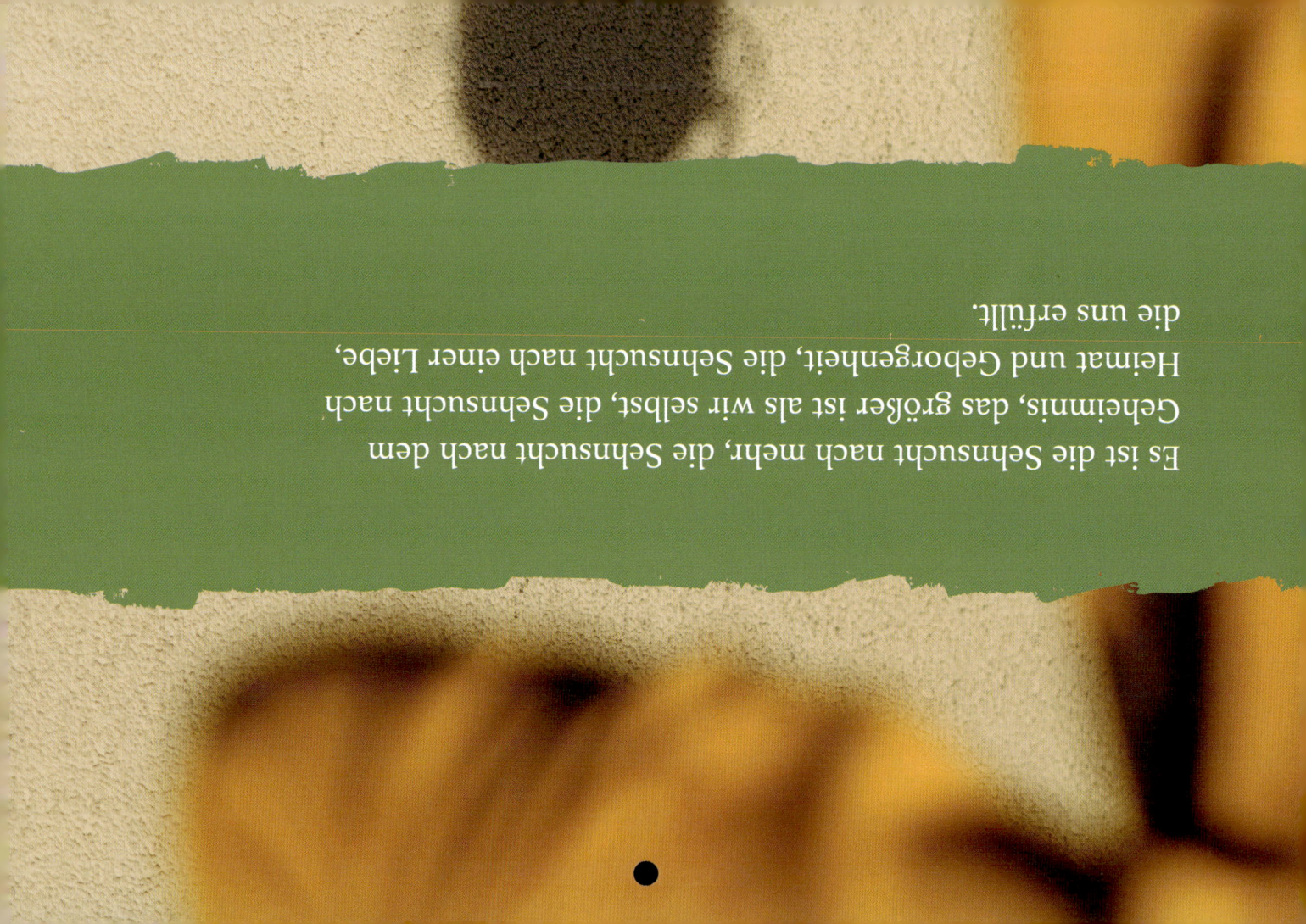

Es ist die Sehnsucht nach mehr, die Sehnsucht nach dem Geheimnis, das größer ist als wir selbst, die Sehnsucht nach Heimat und Geborgenheit, die Sehnsucht nach einer Liebe, die uns erfüllt.

12

Ein Ritual, das viele kennen, ist der Adventskranz. Das milde Licht der Kerzen weckt in uns die Sehnsucht nach Geborgenheit und Heimat, nach einer tieferen Dimension in unserem Leben. Da wird in uns die Sehnsucht wach, in Einklang zu kommen mit uns selbst, ruhig und still zu werden, einen tiefen inneren Frieden zu spüren und auf die eigene Seele mit ihren Abgründen mit einem milden Blick zu schauen, so wie das milde Licht der Kerzen alles in uns verklärt.

13

Geborgenheit können wir nicht machen. Aber wenn wir uns Bilder von Geborgenheit anschauen, dann kommen wir mit der Sehnsucht nach Geborgenheit in uns in Berührung. Und dann spüren wir schon etwas von dieser Geborgenheit. Die Bilder wollen sich in uns einprägen und auf diese Weise die Geborgenheit zu einer inneren Erfahrung werden lassen. So möchte ich Dich einladen, die Bilder anzuschauen und Dir vorzustellen, dass das, was Du in den Bildern siehst, auch in Dir ist, dass Du durch das Schauen in das verwandelt wirst, was Du schaust.

14

In uns ist ein Raum der Stille, eine Fluchtburg, in die wir uns in Sicherheit bringen können und die uns Geborgenheit schenkt. Es ist gut, wenn wir uns mitten im Leben immer wieder zurückziehen an diesen inneren Ort der Geborgenheit, nicht um für immer darin zu bleiben, sondern um darin Sicherheit zu erfahren und uns dann der Unsicherheit unseres Lebens neu zuwenden zu können.

15

Nach einem Wort von Antoine de Saint-Exupéry ist in der Sehnsucht nach Geborgenheit schon Geborgenheit. Indem ich die Sehnsucht spüre, spüre ich auch etwas von Geborgenheit in mir. Und diesem Gefühl soll ich trauen. Dann macht mich die Sehnsucht nach Geborgenheit nicht abhängig von Menschen, die mir dieses Gefühl von Geborgenheit schenken. Sie führt mich vielmehr zu der eigenen Fähigkeit, in mir und in Gott geborgen zu sein.

16

Wenn wir an Geborgenheit denken, stellen wir uns meistens Menschen vor, die uns Geborgenheit schenken. Doch es gibt viel andere Orte, an denen wir uns geborgen fühlen können. Vor allem aber geht es darum, in sich selbst geborgen zu sein, sich zu bergen in der Liebe Gottes, die in uns ist, daheim zu sein im inneren Raum der Stille. Wer bei sich daheim ist, der vermag überall daheim zu sein. Wer in sich geborgen ist, der fühlt sich auch bei Menschen geborgen. Und er wird selbst zu einer Quelle der Geborgenheit für andere.

17

Auch, wenn sich viele Menschen mit dem Glauben an Jesus Christus schwertun, wollen sie doch Weihnachten feiern. Wenn sie an Weihnachten denken, tauchen Erinnerungen auf wie: Geborgenheit in der Familie und Gottesdienste, die sie berührten. Eine Familie, die sich um den Christbaum scharte, die miteinander Lieder sang und so Gefühle ausdrückte, die das ganze Jahr über verschüttet waren. Gerade deshalb weckt Weihnachten in uns sich-getragen-wissen von einem Geheimnis, das so das Gefühl von Heimat in uns auslöst.

18

Es gibt in jedem eine Ahnung, dass die Botschaft von Weihnachten das eigene Herz berührt, auch wenn es noch so traurig und von Dunkelheit umgeben ist. Weihnachten will keine heile Welt verkünden. Aber es will gerade die Menschen anrühren, die in sich verzweifelt sind, die sich einsam fühlen, abgeschnitten vom Leben.

19

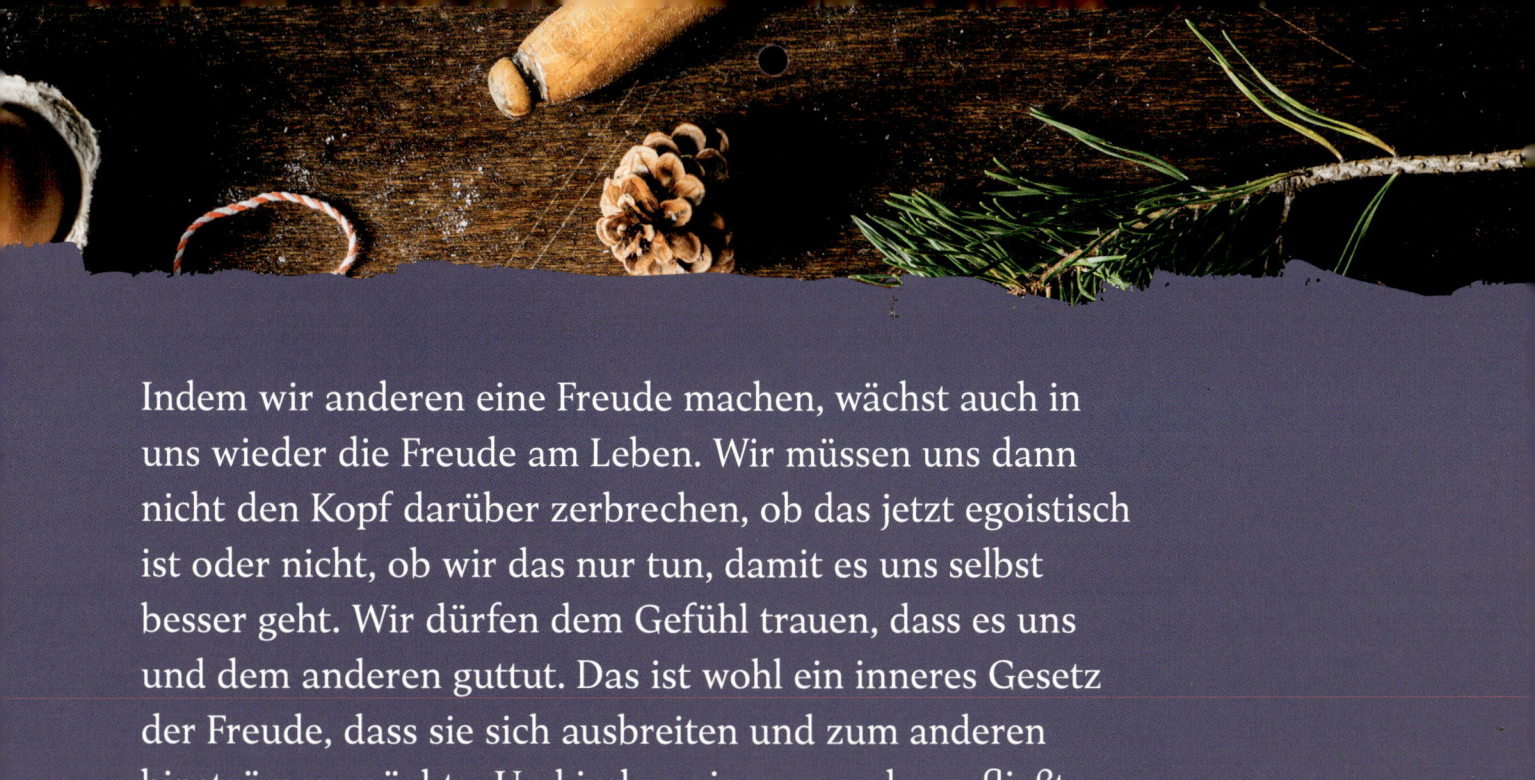

Indem wir anderen eine Freude machen, wächst auch in uns wieder die Freude am Leben. Wir müssen uns dann nicht den Kopf darüber zerbrechen, ob das jetzt egoistisch ist oder nicht, ob wir das nur tun, damit es uns selbst besser geht. Wir dürfen dem Gefühl trauen, dass es uns und dem anderen guttut. Das ist wohl ein inneres Gesetz der Freude, dass sie sich ausbreiten und zum anderen hinströmen möchte. Und indem sie zum anderen fließt, fließt sie auch zu uns zurück.

20

Weihnachten ist das Fest der Liebe. Aber die Liebe entsteht nicht automatisch, wenn wir das Fest feiern. Wir brauchen neue Perspektiven, damit das, was uns unerklärlich ist, was dunkel geworden ist in unseren Beziehungen, aufgeklärt wird. Es ist wichtig, dass wir wieder eine Brücke zwischen uns sehen, dass die Liebe in uns erneuert wird. An Weihnachten sollten wir daher um Träume beten, die uns in Berührung bringen mit der Liebe, die in uns ist. Um eine neue Gewissheit, dass die Liebe auch in uns und zwischen uns alles Dunkle vertreibt, damit das Licht von Weihnachten alles in uns erleuchtet und mit Liebe erfüllt.

Viele stellen in ihren Häusern Krippen auf. Oft ist es eine Krippe, die sie von ihren Eltern oder Großeltern geerbt haben. Da geht es dann nicht nur um die Darstellung von Geborgenheit. Die alten Krippen vermitteln uns, dass wir Anteil haben an den Erfahrungen unserer Vorfahren. Wir bekommen Anteil an ihren Wurzeln. Die Krippen zeigen uns nicht nur das Kind in der Krippe, sondern auch Maria und Josef, Ochs und Esel, die Hirten, die kommen, um es anzubeten.

22

An Weihnachten wünschen wir einander: »gesegnete und frohe Weihnachten«. Wir gehen aufeinander zu und in diesem Zugehen steckt die Hoffnung, dass wir nicht nur an Weihnachten, sondern über Weihnachten hinaus für lange Zeit einander in einem anderen Licht sehen werden.

23

Der Engel möge Dich sensibel machen für das, was Du gerade brauchst. Es gibt Zeiten, in denen einfach nur Einwurzeln und Wachsen gefragt sind. Und es gibt Zeiten, in denen Du auch eine äußere Veränderung brauchst, damit Dein wahres Selbst sich entfalten kann.

Der Weihnachtsengel möge Dich auf all Deinen Wegen begleiten. Er zeige Dir immer, was für Dich gut ist, wo Du Dich geschützt fühlst, wo Du ungefährdet wachsen und Dich zu dem Menschen entfalten kannst, zu dem Gott Dich berufen hat.

24

Bildnachweis:

Titelmotiv: Olga Krivokoneva/iStock.com

Bilder im Innenteil: 1 © ArTDi101/shutterstock.com, 2 © fermate/iStock.com, 3 © anmiiv/shutterstock.com, 4 © THEPALMER/iStock.com, 5 © ebenart/iStock.com, 6 © OliverChilds/iStock.com, 7 © Bertlmann/iStock.com, 8 © melis82/iStock.com, 9 © Aylar Begieva/iStock.com, 10 © klagyivik/iStock.com, 11 © Marc Andreu/iStock.com, 12 © Westend61/iStock.com, 13 © David-W/photocase.de, 14 © Anikona/iStock.com, 15 © xeipe/iStock.com, 16 © LumiNola/iStock.com, 17 © wingmar/iStock.com, 18 © Martin Wahlborg/iStock.com, 19 © ASIFE/iStock.com, 20 © alvarez/iStock.com, 21 © chrisbrignell/iStock.com, 22 © Wirestock/iStock.com, 23 © Eleonora Grigorjeva/iStock.com, 24 © Ridofranz/iStock.com, Impressum: © marsj/iStock.com

1. Auflage 2024

© Vier-Türme GmbH, Verlag, Münsterschwarzach 2024
Alle Rechte vorbehalten

Textredaktion: Sarah Östreicher
Gestaltung: wunderlichundweigand
Druck und Bindung: Benedict Press,
Vier-Türme GmbH, Münsterschwarzach

 CO2-neutral produziert

EMAS
GEPRÜFTES
UMWELTMANAGEMENT
DE-180-00072

ISBN 978-3-7365-0584-1
www.vier-tuerme-verlag.de

Vier-Türme-Verlag
Der Verlag der Mönche von Münsterschwarzach

Im Advent sehnen wir uns nach Licht. Und nach der Geborgenheit, die es uns schenkt, ob im Schein einer Kerze oder eines Feuers, in den Lichtern in den Häusern und Straßen und an den Weihnachtsbäumen. Diese Geborgenheit verbindet uns mit dem Kind in der Krippe, dessen Geburt wir jedes Jahr wieder aufs Neue feiern und das uns Hoffnung schenkt. Ein Stern leuchtete bei seiner Ankunft über dem Stall, der uns auch heute noch einen Weg weist und das Dunkel erhellt. Anselm Grün geht diesem mutmachenden Gedanken nach und begleitet uns durch den Advent, bis wir schließlich in der Geborgenheit und dem Licht, das von Weihnachten ausgeht, angekommen sind.

9

11

16

20

www.vier-tuerme-verlag.de

ISBN 978-3-7365-0584-1